Roh Mee-Won

시인 노미원

Dr. 詩에게

노미원 시집

Dr. 詩에게

Poetics 시학

■ 서문

인생론의 시 생명 탐구의 시를 향하여

김 재 홍

(문학평론가 · 경희대학교 정년연장명예교수)

우리는 왜 글을 쓰고 읽는가? 특히 읽는 사람 많지 않은 오늘날 불연속의 시대, 불안하기만 한 불확정성의 연대에 한 줄 시를 붙들고 밤을 지새우고 또 어떤 이는 한평생을 시의 바다에 빠져 허우적거리며 살아가고 있는가?

나 자신도 젊은 시절부터 오늘날 70에 이르는 나이에도 한평생 시를 읽고, 논하고, 심지어는 가르치기도 하면서 살아왔지 않는가. 도대체 무슨 까닭이고, 또 시가 헤어나지 못할 어떤 매력이 있기에 평생을 그렇게 지내왔고 지금도 또 그렇게 손에서 시를 놓지 못하고 살아가고 있는가?

심지어 인터넷, TV, 휴대폰 등 많은 소통의 수단이 발달한 오늘날에도 젊은이들이 시에 한 생애를 걸고 시의 십자가를 지고 운명처럼 시를 살아가고 있는 것인가?

생각해 보니 그것은 시가 바로 삶이고 시를 쓰고 생각하면서 산다는 것이 바로 삶을 깊이 있게 이해하고 받아들이며 올바로 살기 위한 순례의 과정, 구도의 과정을 의미하는 것이 아닌가 하고 생각된다.

그렇다.

시를 쓴다는 것은 바로 삶을 좀 더 깊이 있게 탐구하고 진실하고 선하게, 그리고 아름답게 살아 보고자 하는 안간힘이 아닌가 하는 까닭이다. 바로 이번에 생애 첫 시집을 펴내고자 하는 노미원 시인의 경우도 그렇다.

그냥 그렇게 일상적으로, 기계적으로 아니 주어진 대로 살아온 생물학적인 삶에서 한 걸음 나아가 삶이란 무엇이고, 무엇 때문에 사는 것이며 어떤 것이 가치 있는 삶, 의미 있고 보람 있는 삶이 될 것인지를 생각하고 탐구하면서 스스로 시를, 자기도 모르게 시를 쓰기 시작한 것이 아닌가 하는 뜻이다.

그렇기에 시를 쓰는 것은 첫째, 자기를 올바로 깊이 있게 알기 위해, 즉 자아실현과 인생탐구를 하기 위한 것이라 하겠다. 나는 무엇이며, 어디에서 와서 어디로 가고 있으며 어디로 갈 것인지에 대한 탐구와 자아실현을 이루고자 하는 욕구가 시를 쓰는 근본 원인이며 이치인 것이다.

둘째, 시를 쓰는 것은 삶에 닥쳐오는 온갖 고뇌와 번민, 불안과 절망을 이겨 내기 위한 안간힘이며 몸부림에서 비롯되는 게 아닌가 한다. 노미원 시인의 시가 자전적인 성격을 지니며 근본적으로 생활의 시, 인생론의 시를 지향하고 있는 까닭이다.

셋째는 시를 읽고 씀으로써 시인은 자아를 올바로 일으켜 세우고 자기 정체성을 확립함으로써 삶을 더욱 깊이 있고 당당하게 살고자 하는 까닭이 아닌가 한다. 다시 말해서 자아실현과 스스로 삶의 실천을 향해 나아가려는 노력이 시로서 형상화되고 구체화되고 있다는 뜻이 되겠다. 실상 대학에서 문학을 전공하고 한평생 그러한 범주 속에서 살아왔다는 것이 그 증좌가 아니겠는가? 그 시인은 자신을 표현하고 자기 정체성을 확립할 수 있는 길을 시에서 발견하고 확보하기로 결심했다는 뜻이 되겠다.

넷째로 시를 쓰는 것은 자신의 삶을 고양하고 스스로 구원의 길을 찾아가고자 하는 안간힘을 표현한 것이 아닌가 한다. 그저 그렇게 일상의 삶을 살아가는 생물학적 삶에서 한 걸음 나아가 스스로 삶의 의미를 발견하고 정체성을 확립하면서 스스로 정신의 고양과 영혼의 고양을 이루어 나아가고자 하기에 적잖은 나이에 다시 젊은 시절부터의 꿈이었던 문학의 길, 시의 행로에 떨치고 나선 것이 아닌가 하는 말이다.

그렇게 함으로써 노미원 시인은 자신의 삶에서 삶의 본성과 원리, 의미와 가치를 찾아내고 보람 있는 삶의 길, 가치 있는 인생길을 다시 걸어가고 싶다는 부활의 꿈, 소생의 의지를 시를 통해서 실현해 나아가며 결실하고 다져 나아가고자 하는 것으로 보인다.

그렇기에 노미원의 시는 근본적으로 자아 탐구의 시, 인생론으로서의 성격을 지닌다. 그는 끊임없이 삶이란 무엇이고, 그 속에서 '나'란 어떠한 존재이고 어떻게 살아가는 것이 의미 있는 삶이며 가치 있는 정신의 길, 영혼의 길인지를 탐구하며 끊임없이 부활의 길, 소생의 길을 탐구해 나아가고 있다는 뜻이다. 따라서 노미원 시인에게 있어 시 쓰기란 부활의 꿈이며 소생을 향한 거듭남의 징표라고 할 수 있다. 그렇기에 더욱 절실한 것이고 의미가 있는 것이며 보람 있는 작업이 될 수밖에 없었으리라.

계란 삶는 기계에서
아무렇지도 않게 삶은 달걀 소리치며 뛰쳐나온다

껍데기 속에 흰자
흰자는 노른자를 껴안고
꽉 깨문 입술 다물고
겹겹이 싸여 있는 너
용기를 내서 네 우주를 부수어 보지만

설핏 내가 부서질지도 몰라서
노른자를 먹다가 목이 멜지도 몰라서
우물쭈물

너는 그래서
삶은 달걀
인생은.

나도 하나의 달걀일지도 몰라

—「달걀 명상」 전문

이 한 편의 예에서 볼 수 있듯이 노미원의 시는 다분히 인생론에 집중되어 있고, 생명에 대한 관심에 초점이 맞춰져 있다. '인생' 과 '생명' 탐구, 그것이 노미원 시학의 출발점이고 경과지이고 최종 목적지인 것이다. 말하자면 인생론의 시, 생명시학의 탐구 그것에 시의 표층망, 생의 그곳이 넓고 깊이 펼쳐지고 있다는 뜻이 되겠다.

근본적으로 인생론의 시, 생명 탐구의 시로서의 성격을 지니고 그러한 넓고 깊은 세계를 지향해 가고 있기에 그것은 말 그대로 탐구의 길, 구도의 길로서 생철학적인 방향으로 열려갈 것으로 전망된다.

아직 출발선 상에 서 있지만 그의 삶과 공부의 이력이 넓고 깊기에 계속 열심히 치열하게 정진해 간다면 분명 의미 있고 가치 있는 세계를 열어 갈 것으로 전망된다는 점에서 시인은 이제 본격적으로 출발점에 서서 최선을 다해 나아가야 하리라고 생각한다.

옛말에 살을 펴서 종이를 삼고, 뼈를 추려 붓으로, 피를 찍어 먹으로(Blood in ink!) 삼아 쓰라는 교훈이 있지 않던가.

최선을 다해, 치열하게 노력해 나아감으로써 삶의 본질이 구현되고 시의 꿈이 실현될 수 있기를 기원하며 격려와 축하의 박수를 보낸다.

차 례

제2부 더불어 홀로

제3부 인생 포스팅

제4부 고통 뒤에는 역시 그대가 있었다

제5부 에필로그

제1부

모든 것이 사라진 것은 아니다

잔盞 소주

허허虛虛
투명한 겨울 하늘 한 국자 퍼 놓은

더는 보일 게 없었던
아버지
아버지는 언제나
쓰린 속내였다

삼 남매 키우고 나니
헛헛하다 그 텅 빈 웃음소리가

성묫길

1

산소에는
겨우내 메마르던 잔디 새순이
삐질삐질 솟아 나왔다
무덤의 봉분을 덮고도 한참을 더

모진 겨울 이겨 내고
뜨거운 여름도 건너뛰더니
이제 봄빛도 타들어 가는 무덤가엔
입혀진 잔디떼가 초라하다

아버지……

2

프리지어 생화 다발을

봉분 양쪽에 꽂았다
집안에 부탁할 소망, 모두모두 둘러대고 나니
가슴에 샛노란 희망의 별 하나 박혀 온다
아버지,
늘 우리 다섯 남매의 희망을 지켜보셨던
바라보기만 하셨던

세월의
그 이끼 향香만 진동하였네

세상살이 기댈 언덕 가슴에 품고
저 이제 돌아갑니다, 아버지!

분명한 사건들

— November와 remember 사이에서 일어난

뿌옇게 흐린 하늘
아직
영혼을 누일 곳 찾지 못한
가랑잎 하나 걸려 있다

한 해의 기억은
앙상히 남겨진 나뭇가지 흰 뼈 사이로
November, remember 흔들리고

무거운 일월의 부담감을 모두 빼고
이월의 호기심 삼월의 설렘 사월의 갈등 오월의 함박웃음도 유월의 푸른 청춘 칠팔월의 질풍노도 구월의 풍요 시월의 물듦과 조락도 다 던져 버리고
오로지 십일월의 맑고 가벼움만으로

다 떨구어 내고 나만 건져서
나 혼자만 받아들일 수 있는 November

November, 너를 기억한다

'모든 것이 사라진 것은 아니다' 외쳐
부르던 어느 인디언 희망의 말을
십일월
마지막 잎새에 새긴다

가난한 솔잎의 노래

1

꺼억—깍 울고 있는
눈 덮인 겨울 산 까치

덜컥 겁이 난다
햇살 반짝반짝 부서지기 시작한 시간이라
눈이 녹을까도 싶지만
꽁꽁 언 산길은 비틀거릴 일만 남았다

2

그대들은
솔잎의 노래를 들어 보았는가
눈 내린 산길
바람 한번 불 때마다
척척 흩뿌려 내린 연탄재 솔잎의 이야기를

그대, 언제
솔잎이 되어 본 적 있는가
미끄러져 내릴 일만 남은 내 인생에 누가
솔잎 연탄재 뿌려 줄 분 있나요

겨울 산을 다 내려와서야
까악—꺽 까치에게 중얼거린다
내가
네게 연탄재 솔잎이 되어 주고 싶노라고

내 마음속 거울이 되어

가을 호수가
빨갛게 노랗게
추억의 강물을 맑게 비추인다
그대들이 나의 한세상 거울이었음을

라스베이거스 수많은 인파 속에서 길을 놓칠까
내 손을 꼭 잡는 남편
산더미 일상의 일들을 덜어 주면서
같은 편이라고 어깨 토닥여 주는 두 딸들

혼자 설 수 있다는 의지만큼을
온몸으로 옮기고 있는 강한 아들이
붉고 노란 잎들이 되어
가을 호수에 비추이는
나의 가을이었음을

'눈물이 난다' 고백할 수 있는
그대들은 내게

가을 호수의 반짝이는 햇살로 물들여지는
가랑잎 한 잎입니다

가을 바다 수평선

길 위에서 잃어버린 길을 묻는다
바닷길에서 길어 올린 가을 햇살 눈부시다
여든여덟의 노모老母는
'저 바다 끝에 있는 마을 이름이 뭐지?
끝이 보이지 않으니…… 궁금하구나'

아들은 어머니께 지구는 네모가 아니라 둥글어서요
끝을 알 수가 없대요 끝이 없어요, 어머니
오늘이 노모의 여든여덟의 생일
여전히 궁금하다 길을 달리고 있을 때에도

그 길을 모두 달려왔는데도
끝을 모르겠다 끝이 없다 하신다
아침 바다 갈매기의 입질로
길 위의 햇살들 온통 가을 바다 위로 몰려와
인상파 화가의 화폭 속으로 쏟아져 내린다

어디일까 노모가 알고 싶은 저 지구의 끝은

또 길을 묻는 길 위에서
머느리는 고개 숙이며 혼잣말이다
'그러니까 어머님, 저기 보이는 저 끝은 시작이기도 하네요
그 시작이 어머님께서 말씀하시는 끝일 수도 있고요.'

평화로운 한 줄기 가을 길이
바닷물결을 따라
끝없이 나타났다 사라진다

묵묵默默

한라산 백록담 뱃속까지
눈이 내린다 이 겨울

그러나 나는
오후 네 시에서 여섯 시 사이
앙상한 비를 맞는다

헐벗은 나목裸木들은
입을 다문 채 말이 없다

수틀에 야생화를 심다

눈망울 아른거리던 들꽃들을
손끝으로 옮기자니
실도 바늘도 꼭꼭 입을 다물고 있다

처음 한 땀을 뜨니
다시 두 땀이 닫히는 것 같고
두 번째 다시 네 번째 뜨고 나서야
비로소 새로운 한 땀이 열린다

결과를 비우는 과정을 몇 번씩 되풀이하고서야
한 잎 제비꽃 꽃밭에 앉혀 놓는다
목 긴 엉겅퀴 집 한 채 지상에 세울 수 있다

어쩌다 20cm 둥근 수틀에 갇혀
천년을 그렇게 살아왔을까
야생화를 수놓다 아낙은
손끝에서
씨의 새 세상에 보시시 눈을 뜬다

봄 날 은 온 다

마침표를 찍어야지…… 겨울의 차가운 끝자락에서
꽃잎 흩어지는 뜨거운 폭설을 맞으면서
흐드러지게 한번
웃.어.보.고.싶.다

쌍계사행 관광열차
가슴 후련한 이야기 나누며
봄날의 부서지는 햇빛들을
감싸 안을 수 있는
우리가 피우고 기르는 꽃 같은 자식들
너희들에게도 봄 날 은 온 다

돌이킬수록
추억이 희망처럼 숨 가쁘게 다가오는 봄
내게도 봄날은 오는 것일까
오는 청춘을 저울질하고 저울질하면서
가지런히 신발장 속에 넣어 놓으면

웃음소리의 그늘 뒤로
누군가의 뜨거운 숨결 같은
꽃잎은 피어나고
다시 봄날은 가고 오지 않는다

사월 마지막 날의 오후

몽실몽실 꽃들이 망울을 터뜨린다
그렇게 모두 피어나야 할 꽃들이
지난밤부터 쏟아지는 장맛비에
하나, 둘 통째로 떨어진다

천지天地에 뿌연히 퍼져 오는 물안개
겹철쭉이 흐드러질 채비를 하고
유채화 눈망울이 호숫가를 가득 메운다
목련 꽃잎은 이미 하나, 둘 떨어지지만
이제 저 멀리서도 향기가 그만인
라일락이 아슴아슴 꽃망울을 터트릴 텐데……

모두가 피어오를 거라고
웃으면서 이야기했는데,
쏟아지는 장대비에,
떨어지는 꽃잎, 꽃잎
오늘은 겸손되이 세상이 비워질 따름이다

이 꽃잎 다 떨어지면
조금 더 낮은 자세로
나를 비울 일만 남은
사월 마지막 날 오후에 내가 서 있다

아침부터 andante, 안단테로 눈은 내리고

1

나는 그리운 과거의 어둠을 만났다
사십 고개 넘어들면서
감동의 물결을 잊어버리고 산 지
이미 오래된 날들

아침부터 하얀 눈이 내리고
지구의 남쪽 끝에서 모기와 씨름하고 있다는
유학 간 둘째 아이의 여름날을 잠깐 생각했지만
그곳에는 이미 성탄절이 다가오리라

andante, 안단테 눈을 맞으며
눈송이 눈송이 가득한 문자를 띄워 보낸
큰딸 웃음소리가
넓은 교정을 가득 메운다
오래전 그곳엔 내가 서 있었으리라

2

지나간 시간이
거품을 가득 낸 커피 잔 사이로
바삐 스쳐 가도 좋을 자리에
우리는 함께 있었다
치열했던 젊은 날 맹목의 순정이
아직도 우릴 부끄럽게 하지만
해마다 눈이 내리는 것을
온몸으로 기다리는 그리움이
내 가슴속에서 살고 있었다

아침부터 하얀 눈이 축복처럼 내리는 날
오늘 같은 날에는……

새 가을에 돌아갈 것을 생각하다

마을 뒷산에 오른다
드문드문 새 낙엽이
발길을 재촉한다

목젖까지 시원한 바람을 타고
솔길이 펼쳐진다
노을을 흩뿌리는 햇살은
가을 새잎처럼 발그레해지고

어젯밤 딸아이가 흐느꼈지……
'엄마는 왜 내 꿈을 사랑해 주지 않는 건가요?'

가슴이 식은땀으로 차오른다
이제 산을 내려갈 때가 되었나
되돌아가고 싶다는 생각이 든다는 것은
어디로 돌아간다는 것은
맺힘을 풀 수 있다는 소망을 말해 준다는 것인가
기다림을 바라보겠다는 기도인가

새 가을이

어느새

내 그림자를 따라온다

아, 봄의 목동, 나의 봄동아

납작하게 엎디어 하늘 바라보더니
한 잎 누우면 다시 한 잎 따라 눕고
영하 17도의 눈보라 속에서
고개 들어 계절을 바라보는 일을 잊게 하더니
잊었다 잊고 있었다 정녕 잊은 줄만 알았더니

그저 바람의 방향이 바뀌었을 뿐인데
다 잊고 마음 비우고 살았더니 베풀어 주시네
비타민 무기질 섬유질 아로새긴
너는야 납작납작 푸르 질긴 봄동
너는 봄을 몰고 오는 봄의 목동牧童이어라

한 잎씩 뜯어서 내 메마른 가슴에
꽃잎을 뿌린다
너는 계절밥상의 여왕이 되어도 좋으리니
그래 고맙다 고맙구나
차운 바람 모두 모두 견디고 이겨 내어
우리에게 초록 생명의 선물 한 아름 주고 있느니

첫눈 칸타타

샬라샬라 하얀 눈송이들과
놀고 싶었느냐고

뛰는 가슴을
진정시킬 길이 정말 없었느냐고

신나게 끝까지 달려서
하얀 눈을 뭉치고 뭉쳐

그리운 너에게 나에게
냅다 던지고 싶었느냐고?

아메리노, 하루 종일 아메리카노

아메리카노를 마신다 하루 종일 시인은
첫 번째 아메리노는 눈을 뜬 순간
꿈의 무의식과 뒤섞인 현실의 몽롱함을 분리시킨다

두 번째 마시는 아메리카노
왁자지껄 태양의 한가운데 정오에 서서
하루의 반을 통째로 흔들어 마신다

하와이언 펀치 노을 아래서
다시 시작하고 싶은 인생을 이야기할 때
시인들은 아메리카노를 홀짝 마셔 본다
잠자는 넋을 모아 탄생시킬 한 편의 시
깨어 있을 미래를 상상하면서

잠들기 전
아메리노 아메리카노를 마시면
그러나 시인은 불편해진다

언제나 한 손에 들려 있는

스스로 깨어 출렁이지 못하는 세상 때문에

해[歲] 지기 전

조각 조각 누비는 퀼팅으로
쓰다만 천들을 깁는다

이른 걸음으로 뉘엿 지는 해의 그림자를 따라
한 조각 두 조각
서로를 맞추다 보니
잊은 줄 알았던 기억의 편린들이
해 지기 전 붉은 노을로 나부끼고 있다

— 배냇이불을 만들고 남은 조각
  고양이 인형을 꿰매다 만 조각
  사랑스런 하트를 만들다 남은
  구석진 마음들 —

해[歲] 지기 전
차마 다 쓰고 싶지 않은 천들까지
언제 남았을까 싶은 조각까지
꼭 써야만 할 것 같은 옷감들을 모아

또 하나 생의 조각보를 만든다

그것은
기쁨 뒤에 올 슬픔을 먼저 헤아릴 줄 아는
슬픔 뒤에 올 기쁨을 미리 내다보는
내가 받을 은총의 새 포장지

제2부

더불어 홀로

어울리기

— 지리산智異山의 봄 · 1, 꽃빛

끝자락을 부여잡고 앉은
다향*의 진한 대추차가
그윽하다 향기 따라 멈춘 곳엔
수줍게 얼굴을 내미는 붉다홍 동백이 반갑고

북과 목탁이 어울려지는 화엄사 한가운데
하얀 대리석 연꽃잎에 올라서서
쪽빛 하늘 한번 바라보니
'쿵더덩 팅—팅 탁'
다른 두 악기의 지혜로운 하모니가 맑기만 하네

마른 겨울 가지에
연분홍 꽃부터 올리는 진달래
어린 꽃잎에 비추이는 잊혔던 봄 사연
메아리가 되어 울려 퍼지네

---

* 구례 화엄사 앞 찻집 이름.

안아 보기

— 지리산智異山의 봄 · 2, 달빛

커다란 보름 달덩이
내 곁에서 떠날 수 없다는 듯
내내 휘영청 달빛 쏟아 내더니
은빛 달 내음의 벚꽃 천국으로 나를 데려갔다
백두대간 끝난 남도 마을 지리산 어귀까지

태초의 시간이 시작됐을지도 모를
생명이 일어나기도 했을
당당히 계절을 바꾸어 가는 어머니 산
세상에 다 못한 하소연까지
지리산 달빛은 다 마실 수 있다는 듯

이 봄 세상을 뒤로하며 떠나는 것이
겨울의 끝에서 만난 생명을 안아 보는 아픔들이
그 향기 따라간 성인들을 만나는 일이
바라건대 조금만 더 쉬웠으면

두류산* 나의 엄니산 이곳에서는

* 지리산의 다른 이름.

떠나 보기

— 지리산智異山의 봄 · 3, 추억의 빛

더불어 홀로를 추억하기에 좋은
오십 넘어 시린 가슴을 찾아

두 손은 아직도 마주잡기에 충분히 따스하고
차 한잔을 건네며
마주하는 너의 눈빛을 기억한다
그 첫 만남의 설렘을

그렇게
지리산 속에서 분명히 알게 된다
서로가 너무나 다르다는 것을
뱀사골 계곡의 투명한 물이 비추어 주는 맑은 자갈들
삼십 년 강물이 그렇게 흘러갔어도
마음속 천 년이 그렇게 구비쳐 갔어도

계곡의 물과 자갈이 끝내 함께
흐를 수 없다는 것을 깨달으며
이제 다 놓고 가리라

맑디맑은 네 원래 모습
그것만 추억으로 남기고

더불어 홀로
— 부부의 길 · 2

잔설 녹아내리고
봄바람 물결 출렁이는 신혼의 마음
햇살별들이 눈부신 오늘 이 길까지

스물여섯 해
그리 불렀다
'부부夫婦'

둘 중에 하나는 꽃을 보지만
다른 하나는 그 꽃에 물을 주어야 하고
둘 중에 하나는 청춘을 가슴에 묻어 두지만
나머지 하나는 그 샘물 끝없이 퍼내야 하고

'함께' 가 아니라면
꽃, 별도, 물결, 바람도, 소리, 고백도, 아픔
눈물도 님도 물푸레나무 그림자 되리니
꿈꾸지 못했을 날들

호수 가득 그리움으로 쏟아지면
나란한 걸음걸음 걸어가며
정열보다 더 깊은
홀로 더불어 되뇌며
먼 길 간다

안해

— 안해를 누가 집안의 태양으로 불렀던가, 부인의 하소연

가슴엔 당신을 안고
등엔 자식을 업고
세월의 태양을 따라
돌고 있네

내내
서글플 때엔
안해를 떠나면서
꺼지는 작은 불꽃이 되니
영원히 그리운 연인,
아내의 어깨엔
들먹이는 눈물 한 방울과
꼭 쥔 두 손의 기도가 서려 있네

뒤척이는 밤이 있어도
말다툼한 어둠 속에서도
빛나는 안해의 눈동자엔

삶을 용서하는 이해와
어리숙한 여유도 볼 수 있네

언제나 돌아올 연인,
안해의 가슴엔
변치 않는 사랑과
고백하는 진실이 있어
늘
태양처럼 빛나네

안해, 25년 이후以後

— 남편의 하소연

새벽어둠을 뚫는 말 한마디
“도대체 이해가 안 되네—”
침대 모서리에서 맴돈다
조금 전만 해도 한 이불자락을 붙들고
따스한 온기 속, 입맞춤의 아내
불현듯 한쪽 소파로 몸을 뺀다

혼자 여행 간 아들 녀석의 도착 소식에
안절부절 우왕좌왕
안 해는 가슴에도 등에도
자식만을 업고
세월의 태양을 따라
돌고 있었네그려

어느덧 스물다섯 해 시간 속에서
안 해는
집안의 태양에서

집안의 먹구름으로 바뀌었다
언제라도 자식 걱정, 세상 걱정의
대명사가 되어 버린 거지
아—하—!
한바탕 비라도 쏟아버릴 수 있다면
먹구름 걷히고 태양이 뜰까

안 해의 어깨 위 서려 있는
들먹이는 눈물 한 방울과
꼭 쥔 두 손의 기도를
이제 함께하면서
다시 한 번의 스물다섯 태양을
돌아봅시다, 여보 아내여

인류의 최종 병기 카카오 톡 톡

먼 길 떠나는 길에도
호올로 커피를 마시다가도
일 더미에 허적거려
말을 잃은 어느 하루에도
카카오 톡. talk. 톡. 톡
상대방 없는 이야기를 한다

2011.03.20 오전 08 : 36, 회원님 : 올 때는 내가 울었지만/갈 때는 다른 이들이 울어주는 것 (김미숙, 인생)
2011.03.20 오전 08 : 38, 회원님 : 생명의 본질은 울음에 있는 것일까?! ~울음 앞에 겸손해지네.
2011.03.20 오전 10 : 56, 강한아들 : 울음은 사람의 힘든 응어리를 풀어주는 효과가잇습니다. 가끔은 영화를 보면서 펑펑울고싶 기도해요,지금 택배받아서 떡먹고있능데 룸메들이 맛잇데요 ㅋㅋ 감사합니다 다연히저도맛있고요
2011.03.20 오전 11 : 12, 회원님 : 하하~맛있다니 땡큐! 터어키식 디라이트는 새로운 세계로 가는 에너지여 요정이 꼬시는 묘약이래 ~♥

그대와의 잃었던 말들이 수면 위로 떠올라
검은 창窓에 화안히 미소를 짓는다
문자 하나 하나 낱낱이 하얀 얼굴로
내 닫힌 가슴을 열어젖힌다
그대는 지금 어디에 있는가
지금 무슨 생각을 하고 있는가
일상의 닫혔던 통로를 살짝
톡. 톡. 톡. 톡
열어 주는 너

호두까기 인형처럼
호두 알만 꺼내고 껍데기는 버려
세상만사 이야기를 척. 척. 척 풀어내는
인류의 최종 병기, 카카오 톡. talk

김치 통 레터링

새봄이 오는 길목에서
김치 통 하나 비웠습니다
어느새 겨울이 그만큼 지나갔지 싶습니다

빈 김치 통만큼만 마음을 비웠어도
지난 계절을 이겨 내기가 쉬웠을 텐데……

새해가 벌써
마음먹은 만큼 지나가고 있습니다
비어 가는 김치 통처럼

홈 메이드 이별

내가 커피를 좋아하는 이유는 가끔 커피 속으로 속눈물이 잠길 수 있을 거 같아서다

가끔 타르트 치즈케이크를 홈 메이드 하는 이유는
만들 때마다 약간씩 속맛이 달라지기 때문이다

내가 굳이 공항까지 나와서 이별을 하는 이유는
돌아서는 언니의 뒤 목선에 마른 눈물이 흘러내려도
가슴에는 우리들만의 아픈 추억이 건드려지기 때문이다

홈 메이드 이별의 공항 아침은 눈물 안개로 출렁인다

왕과의 데이트, 비원秘苑*

얼굴을 내밀었다 낯선 왕王이
내민 그 얼굴만큼 비밀스러운 정원 사이로 누군가
얼비쳐 들었다
햇빛의 양을 조절하기 위해 만들었다는 나무 가리개
왕이 가리고 싶은 것은 정녕 무엇이었을까

왕은 궁녀들과 뛰어놀았다
존덕정 정자 사이로 한잔 기울인 저녁 한때
왕의 손을 꼭 잡고 나도
스물여섯 개 정원과 함께하고 싶었지만
밤 오기 전 애련지 연못만 보고 돌아가야 한다
모든 것으로부터 훌쩍 떠나가야만 한다

비원, 황톳빛 회칠에 곱게 입힌 단청도 이미 없고
여느 농부처럼 툇마루에 걸터앉아
왕 자신을 모두 털어내 버리고 싶은 낡은 정원
그곳을 왕 아닌 내가 거닐고 있지만
나 없는 나의 왕만이 남아 있는

비밀 없는 이 시대 비밀의 정원

* 비원秘苑 : 창덕궁 후원. 성종 때 건립. 인조, 숙종, 정조, 순조 등 여러 왕들의 보수와 증축이 행해짐.

가을 된장국을 따라가다

— 더불어 홀로 · 3, 화이부동和而不同

사십 년 인문학 외길 끝
시골로 떠난 스승의 된장을
날 저무는 노을로 우려내면
'모두 섞어라 세상살이 더불어 함께 맛 내라' 한다
— 송이표고버섯느타리양파버섯감자마늘팽이버섯 —
과수원 늙은 호박 가져가라 종다짐한 시어머니 호박까지
꼭 있어야 할 쑹덩쿵쑹덩 두부는 남편에게 부탁하고
퇴근길 아버지의 비닐봉지 사각대는 소리 들으며

그 된장국 하늘에
가을 깊어만 가는 깔끔 매콤 매력덩어리
청양고추 숭숭 썰어
혀를 내둘릴 때마다 추억한다

가을 저녁의 주인이고 싶어

괜찮아, 괜찮아
— 힐링다이어리 · 1, 골절녀

오른쪽 팔이 아니고 오른쪽 다리여서
괜찮아, 괜찮아!
열정을 품은 네 시를 아직 쓸 수 있잖아

두 다리 모두 부러지지 않아서, 괜찮아
아직은 이 몸뚱어리 하나 바로 설 수 있잖아
그만하면 됐지, 됐어

뒤로 미끄러져서 머리를 꽈당 안 해서
괜찮아, 괜찮고말고
내 곁을 지켜 주는 이들에게
"고맙다, 고맙다!" 이야기할 수 있잖아

아, 아
오른쪽 다리 골절!
내 마음 거울은 아직 골절되지 않아 괜찮아, 괜찮아!

봄이 소파에 길게 눕다
— 힐링다이어리 · 2, 골절녀

1

'TV 다시보기' 눌러 주니
아차 놓쳤던 드라마들이 쏟아져 나온다
소파에 바싹 붙어 있었던 주인공은
남해마을 다랭이 논도 놀러 갔다가
엄마 없이 딸 키운 홀아비로 훌쩍거리고 있다
복수의 화신으로
사랑의 정의를 외치던 젊은이
눈빛 가득 힘겨움에 지쳐 잠이 든다

스마트폰 뒤져서
오래 못 본 친구들에게 짧은 안부
힐끗힐끗 자식들 안부도
늘 궁금한 언니 동생들의 수다 시간까지
동네방네 한 바퀴 돌고 나면
누워만 있었는데도 왜 이리 배가 고플까

2

나 무슨 생각으로 여기까지 살아왔나
갑자기 부러진 다리에게 묻고 싶다
너 왜 날 붙들어 놓았느냐고

봄비가 뿌연 안개 너머로
여윈 봄의 어깨를 내려놓는다
누워 있음이
정지되어 있음이 결코
움직이지 않는 것이 봄이 아니라는 것을
오고야 말 새봄의 긴 전주곡이라는 것을

골절녀 의기양양 봄을 따라나선다

신분 상승

— 힐링다이어리 · 3, 골절녀

— 유리 구두 한 짝으로 왕자의 색시가
된 렐라 렐라 신데렐라 한입 사과를
깨물어 숲속의 공주로 등극한 설 설
설 백설—

그녀들의 신분 상승에는
심한 콤플렉스가 있었다
무수리아줌마주부엄마아내여자
그래서 오른쪽 다리를 일부러 부러뜨렸다
놀부의 제비 다리처럼

부러뜨린 다리와 맞바꾼
신
　분
　　상
　　　승

가만히 누워서
호르륵 호르륵 원하는 것 모두

부려먹을 수 있다
무수리가왕후로아줌마가아가씨로엄마가자식으로
아내가남편으로여자가인간으로까지
때는 바로 요 때다
때마침 제비 다리 부러진

홍부가 제비 다리 뿌러뜨려

— 힐링다이어리 · 4, 골절녀

예컨대
홍부가 제비다리를 부러뜨려
대박을 슬금슬금 탔단다

오십 대녀 겨울산 갔다가
오른쪽 다리를 부러뜨려
커다란 박을 설레설레 탔단다

예컨대
봉양하던 남편의 봉양을 받고
희생하던 자식에게 희생을 받고
사랑 주던 친구에게 사랑을 받는
물밀듯 쏟아져 내리는 눈물의

대박이 터졌다

예컨대

올봄엔 강남 갔던 제비의 다리 사이에서 툭 떨어진
박씨 하나
내게도 떨어졌다 하자

어 어 얼씨구나

목발 DNA

— 힐링다이어리 · 5, 골절녀

나이 들수록 할 수 없는 것이 많아진다
커피도 한잔 혼자서는 못 마시러 가는
나는 다리 골절녀

나무발 DNA는 어디에

직립의 권리 가지고 태어난
외다리 돕는 나눔의 사랑 전해 받은
세상 밖으로 뛰쳐나가 외칠 수 있게 하는

겨드랑이 간지럽히는 나무 날개여
호올로 심지 돋우는
또 하나의 내 다리여

이 세상 가장 효율적인 자유여
구속되는 해방이여

오늘도 내가 나에게 빼근하게 엉긴다
자유의 완벽한 복제를 희망하는
골절녀 텅 빈 내 가슴에

제3부

인생 포스팅

로터리는 시인이다

망상거리지 않는다
돌아서 가도 되겠지
왔던 길을 되돌아가도

가야 되는 이 외길이
밤마다 뼛속까지 상처로 파고든다
그만, 하고 싶다 꼭 말하고 싶었지만

혜화로터리에 오니
돌아서 가는 길도 보이고
달려 오는 길도 보이네
그리고 저 길은 오던 길이 돌아가기도 하네

그렇게
로터리는 하루 종일
끄덕끄덕

어느 어르신 치과 이야기
— 인생 포스팅* · 1

지나가다 들르셨다는 어르신 한 분
여기 치과가 생겼는지 궁금해서 오셨다는데
약 드시는 거 없는가 물었더니
"열흘 전부터 아스피린 혈압약은 안 먹었어" 하신다

지혈이 안 되는 아스피린을 끊었다는 건
이빨을 뽑고 싶다는
임플란트를 꼭 하고 싶으시다는
며느리랑 함께 와서 치료를 원한다는
젊어지고 싶은 노년의 소망

그래서 한번 들른 거라는 말씀
몇 번이고 되뇐다
나이 들어 한번 내세우고픈 자존심
치과에서 이빨 심는 이야기가 있다는
그런 인생 포스팅 하나

* 포스팅posting : 인터넷상에 게시 글을 작성하는 행위.

네 미소를 다시 찾아 줄께

— 인생 포스팅 · 2

언제부터 삐뚤삐뚤 갈지之자였나
뒤틀린 내 치아 모형*

내가 네게 보낸 그 미소가 전혀 아니다

1mm 맞추는 데 대여섯 달 고통스러워
마침내 투명한 교정틀 아름답게 보이지만
네게 다시 보내고픈 미소는 아직도 너무 아파

마지막 오장육부 1밀리까지 짜 맞추어
웃죽웃죽 웃어 대는 그 미소를
찾을 수 있을 때까지는

---

* 치아 모형 : 치과 교정을 위하여 뜬 모형.

왜 사랑니니?
— 인생 포스팅 · 3

1

생生의 가장 깊은 자리
버려야 할 때 버리지 못해서
끝까지 남는 아픔의 어설픈

첫사랑 썩고 말았네

음식물 모두 그곳에
냄새나는 이유도 너 때문인 걸

이를 못 닦은 이유뿐인 줄
습관으로 돌리고픈 다만 핑계일 뿐

2

버릴 수 있을 때 버려야
쓰리게 아플 때 버리고 나서야
마침내 지혜로우니*
사랑니입니다

---

* 지혜로우니 : 사랑니의 영어wisdom tooth.

잇몸으로 산다는 게

— 인생 포스팅 · 4

웃으면 드러나는 예쁜 이가 아니다
주인 행세는 터럭만큼 할 수가 없다
그러면서 모든 책임은 혼자 다 져야 할 판

언젠가 뽑은 이 다시 해 넣고 싶다면서
투덜투덜 모두가 잇몸 탓이라고
젊을 때 술 담배 매일 할 땐 언제고
이제 새로 심어 보려니 그 고생은 누구 탓?

이 아닌 잇몸으로 산다는 게
말처럼 쉬운 일일까
누구누구 탓 받아 주어야 하는 세월이고 보면
주인도 아닌 주인 노릇으로
한세상 산다는 거 잊지 마!

잇솔질 혁명
— 인생 포스팅 · 5

쓰으윽 쓱 어제
오늘 아침을 생각 없이 해치운다
우리들의 잇솔질 혁명

아마도 아버지 어머니 닮았으면
충치투성이일 거라며 찾아온 조카
'충치가 하나도 없다' 는 말에 그건 모두
삼촌이 어릴 때 가르쳐 준
빙글 빙글 잇솔질 DNA 덕이란다

위 빙글. 아래 빙글.
다시 한 번 위아래 빙글 빙글

사십이 넘을 때까지 지킨 건 오직
단 하나의 약속
내가 내게 지킨 기본이라는 이름, 잇솔질

네가 잇솔질을 알아?

젖니 뽑아 버리기
— 인생 포스팅 · 6

아플! 거라는 두려움에 끙끙
미운 일곱 살
영구치가 버얼서 자리 잡고
밀— 어— 내— 는— 데— 도— 울— 음— 바— 다

"어—억! 얏"
의사선생님 기압 소리
일곱 살 민우와 엄마는 혼비백산
허공중에 젖니 하나
'뽕—' 날아간다

두 손 꼭 잡았던 어린 시절 꿈은 날아가고
그 뒤를 쫓아 간호원 누나 달려간다
민우 엄마도 의사선생님도
젖 먹던 힘까지 다 모아

치아나무

— 인생 포스팅 · 7, 임플란트

사람들이 뭐든지 심겠다고
안간힘 쓰는 데는 무슨 이유든 있다
'심다' 가 힘[力]에서 비롯되는 것이 아니라
마음[心]에서 시작되기 때문이다

썩을 걱정이 없으면 더 좋겠지
나무 심고 몇 달도 안 돼서,
예전처럼 튼튼한 모습 만날 수 있다면

오늘 치아나무를 심는다 다시 지구의 종말을 향해
힘이 아니라 마음으로

내일이 여러 개 심어진다
내 입 속에 좌르르르 희망의 싹이

하얀 시작

— 인생 포스팅 · 8, 치아미백

결혼식을 앞둔 신부는
태어난 그때로 돌아간다
하얗게
백
설
모든 투명한 시작을 꿈꾼다

미소를 잃은 그대여
아침에 눈을 뜨면
온 세상이 황달로 떠다니는
누런 웃음의 이빨들이여

갓 신부로 태어나는 큰딸
하얀 웃음
하얀 시작
세상만사가 하얀 슬픔으로 번져 온다

사즉 생生인가
—인생 포스팅 · 9, 이순신에게

오늘부터 신경치료 시작합니다, 끝까지 쓰게 하기 위해서

네~! 잘 살려 주세요. 끝까지 쓸 수 있도록

살리는 게 아니라 죽이는! 겁니다

제 치아를 살려 주신다면서요?

버려야 할 치아를 살리는 사즉 생生의 방법입니다

죽여야 사는 것입니까

죽어야 사는 것입니다

제주 방주方舟

생의 등짝 떠다미는 바람결 따라
무작정 제주까지 흘러왔다
나도 이제 버려질 때가 되었다는 뜻인가
끝내 내던지지 못했던
세상의 나

푸르디푸른 기억 속에
깊은 바다 속으로
버려지고 나서야

제주, 그대가
내 생의 돛대를 놓아 버리는구나

달걀 명상

계란 삶는 기계에서
아무렇지도 않게 삶은 달걀 소리치며 뛰쳐나온다

껍데기 속에 흰자
흰자는 노른자를 껴안고
꽉 깨문 입술 다물고
겹겹이 싸여 있는 너
용기를 내서 네 우주를 부수어 보지만

설핏 내가 부서질지도 몰라서
노른자를 먹다가 목이 멜지도 몰라서
우물쭈물

너는 그래서
삶은 달걀
인생은.
나도 하나의 달걀일지도 몰라

조간朝刊 Borderline

1

오늘은 어떤 순서대로 살아야 할까
내 얼굴에 화들짝 뿌려지는
조간朝刊 borderline*

종북이니 주사니…… 그런데 저 얼굴은 참 낯익다 진달래꽃 머리에 꽂고 두 손을 높이 치켜들어 김일성을 찬양하던 명랑해 보였던 그 소녀? 그녀가 국회로 자리를 옮겼다고!

나는 오늘 사랑한다고 사람들에게 말하려다가 어느 날 문득 등 돌리고 증오한다고 말해 보고 싶어질까 그 맹랑 소녀처럼

2

17년 전 도쿄 역 가스 폭발 사고를 주도했던 기쿠치

나오코, 그녀가 드디어 잡혔단다 신흥 종교집단의 그녀는 자신이 만든 것이 가스폭탄인지도 몰랐다고

오늘 나도 내가 하는 일이 뭔지도 모르고 사제폭탄 하나 만들지도, 사람들 사이에서 숨어살고 있을지도 모를 익명의 범죄자들이 두렵다

조간朝刊 경계선상에 서서 나는 어디로 흘러가는 걸까

인간과 인간 아닌 경계는 어디까지

사실과 사실이 아닌 경계는 또 어디인가

아침부터 장애 뜨네

핫. 핫. hot

누구에게는 관심 있을지도 모르는 사건으로 뒤범벅인

조간신문에서 문득 튀어나오는 나의 하루 borderline 위에 선다

---

* borderline : 이쪽도 저쪽도 아닌, 경계선 상의.

적도의 태양
— 바하마군도의 코코케이 섬에서

1

눈을 뜰 수 없어도 내 눈 안에 너를 담고 가노라

지금 사랑할 수 없어도
코코케이 섬 에메랄드 바닷빛에
너를 풀어놓으리라

뺨을 불어오는 해풍 사이로
끄르륵 끼르륵 꺼어억
조나단 리빙스턴 시걸*을 만난다

2

언젠가 바하마군도의 섬 하나에
버려 놓았었으리 내 너를

그곳 적도에서
무수한 빛과 섬들로 만나
나는 너에게
너는 나에게
하나의 태양이 되고 싶었노라고

---

* 조나단 리빙스턴 시걸 : 『갈매기의 꿈』(리처드 바크, 1936)의 주인공 갈매기.

볼티모어* 해변에서 속초 바닷가까지

비가 오려나
이슬비가 조금씩 마춰제로 흩날린다
멀리 보이는 설악은
마른장마 향수를 맘껏 흔들어 놓는다

하얀 밤꽃 분粉 내음 사이로
아버지 얼굴이 흔들린다
흔들려 엇갈리기만 하는 나의 고향이여

동해 만 리 파도를 넘어 볼티모어 해변까지
이국의 공항에는 낯선 바람만 나부끼는데
속초 바람은 따스한 고향 내음 나더라

하루하루 귀를 막고 싶었던 욕설 파도 속에
어지럽게 출렁이던 볼티모어 할렘 가
언제라도 치유의 준비가 되어 있는 동해의 갓 내음을
죽도록 살고 싶어 그리워했노라

다시 또다시 볼티모어 돌아가는 기러기 길엔
장미보다 아름다운 장맛비 흠뻑 맞으려나
백 년 만의 유월 가뭄이 끝나 가는데

* 볼티모어 : 미국 워싱턴에서 차로 40분 거리.

아슬 사랑은

—'정순아 보고 쟈퍼서 죽겄다 시팔' (정양)

1. 유미♡재익

누구인지 모른다, 나는 유미가
재익도 누구인지 더더욱 알 수 없다
눈 덮인 호수 얼음판 위에
서둘러 지나는 이들도 알아차릴 만큼
커다랗게 써 놓은 글씨
—얼마나 사랑이 간절했기에 저리도 크게 써 놓았을까—

2. h e a r t

그래도 그 이름 자 사이에
h e a r t ♡를
그려 놓고야 만 애절한 사랑의
깜찍스러움

지나가는 사람들은 모두
한마디씩 하고 싶다
'아슬 사랑은 시리도록 아름다워라'

제4부

고통 뒤에는 역시 그대가 있었다

첫 고백

그 가을 언덕길에서

가장 아름다운 단풍 한 잎으로

가장 지독한 배신의 등 뒤로

가랑잎 하나 툭

떨어집니다

풍수원 성당의 햇살
— 십자가의 길

햇살이 온통 풍수원 마을을 뒤덮으며
찬란한 모습으로 일어납니다
중천에 뿌려진 햇살 은총을 받으면서
우리는 예수를 세 번 부인한
유다의 닭 울음소리를 들어야 했습니다

어깨를 짓누르는 십자가를 질질 끌면서
상처들을 어루만져도 될는지
이웃에게 묻고 또 묻습니다

예수는 세 번을 넘어졌고
유다는 닭이 울기 전 세 번을 아니라고 했다지만
이천 년 후,
우리는 풍수원 성당 언덕에서
유다의 닭 울음보다 더 아픈 울음을 토해 냅니다

하루에도 세 번씩

'내 십자가가 아닙니다.

내 십자가가 아니도록 해 주세요.'

십자가의 고통 없는 길 위에 서 있고 싶을수록

나는 또다시 넘어지고

쓰러져 다시 일어나고 있을 뿐입니다

새벽 고해소

1. 힘들다, 힘들다!

소리치며 속을 토해 내는 어둠 가운데에서
고백의 깊은 바다가 출렁인다
가슴 밖으로 시간이 튀어나오는 순간
풀어헤친 여인의 머리카락마냥
여기저기 새벽바람에 날아가 버린다
채우려 하면 할수록
비우지 않으면 안 되는 세상의 이치
허망한 욕심들이
심판하려 하면 할수록
오히려 심판당하게 되는 때 묻은 내가

2. 진실로, 진실로!

미명의 어둠 속으로 가라앉는
사제의 목소리

아직 어느 누구도
죄罪를 고하지 않은 새벽 고해소에
텅 비어 있는 성사표 바구니 하나

누구도 빼앗지 못할 간절한 고백 속에
이 세상 하나밖에 없는
나의 부끄러움이 알몸으로 담겨 있었네

숫눈 송頌

잎들 모두 털어 내며
마지막 가을로 나부끼는 모과나무 잎새

앙상한 뼈가지 끄트머리
볼 붉은 홍시 하나

우리들 그렇게
벗겨진 채로 사라져도
온몸으로 다시 태어날 숫눈길의 기억
다시 두 번은 내리지 않을 눈

그 첫 눈[雪]이
처음 처음
숫처녀로 내린다

영원한 거짓말
— 엄마 다이어리 · 3, 청개구리 그녀

엄마 잃고 졸고 있는 나의 어깨를
누군가 툭 치며
이끌어 올린다

구름 한 번 일어났다 사그라지는 게
찰나의 삶이라는데

"너희들을 영원히!
영원히 사랑하겠다"는
이 세상 단 하나 단 한 번밖에 없는 거짓말을

이제 꿈도 설움도 아닌 헛맹세만을
유산으로 남기셨네
울 엄마는

청개구리 무덤

— 엄마 다이어리 · 5, 청개구리 그녀

귀가 있어도 듣지 못하고
눈이 있어도 보지 못하고
입이 있어도 말을 못하고*

아, 아, 아 ___ ㄱ

다시 못 볼 어머니는
청개구리 야단치고 떠나가셨네

'이눔아 지발 시냇가에 묻어 주거라'

귀가 있어도 통화 한 번 정성스레 하지 못하고
눈이 있어도 구부러진 허리의 아픔 들여다보지 못하고
입이 있어도 말 한마디 따스하게 건네지 못했던

그놈은 바로

내 새끼, 엄마 새끼, 청개구리 새끼!

---

* 가톨릭 입관식 때 하는 입관 예절 말씀.

나, 자화상

— 엄마 다이어리 · 6, 청개구리 그녀

멍청하기는
저 길바닥에 너부러진 똥강아지

소심하기는
냄비 속에 달그락거리는 저 조개껍데기

푸른 나무 그늘 아래

— 엄마 다이어리 · 7, 청개구리 그녀

아버지 떠나보내고
엄마마저 잃었지만
아직도 저는
두 분의 근심 걱정 안에 갇혀 살고 있습니다

아침에 눈을 뜨면 머나먼 저승길
만날 수 없는 것처럼 보이지만
매일 아침 인사를 여쭙습니다
밥을 먹을 때마다
반찬 하나 더 해 드리려 허둥대 보지만
벌써 배부른 듯 당신은 저만치 미소 짓고 서 계십니다

보이지 않는 것처럼 보이지만
나는 늘 두 분의
큰 사랑 안 푸른 나무 그늘 아래 서 있습니다

하루 종일 청개구리비

— 엄마 다이어리 · 8, 청개구리 그녀

온종일 울음소리, 비. 비. 비
무당개구리참개구리
옴개구리산개구리북방산개구리
금개구리개구락지들
그리고 청개구리 너
가슴에 젖어 드는
눈물비 청개구리비

긴 하루
빗소리 끊어지는 사이사이
개구리 울어 대던 그날
부끄러워 나는 오늘도
고개 들 수 없어

이 비 언제 그치려나
엄마 마음 아직도
알 수 없습니다

바닥 치기

가슴속 굳어 가는 상처
상처에는 고통이 따르고
고통 뒤에는 역시 그대가 있었다

그대를 보려고 먼 꿈을 달려왔지만
느티나무 늘어진 그늘 사이로
아, 녹녹하지 않은 삶의 아픔 사이에서
상처로 남은 한 순간이 바닥의 인생일 수밖에 없음
을 알았다
마지막 남은 한 모금 용기로
밑바닥으로 밑바닥으로 나를 내려놓을 수 있었다
더 이상 내려갈 곳 없는 그곳에서 우리 만났기에
그대는 늘 나의 바닥임을 알았다

가을에

구름이 모두 떠나가 버리고
맑게 갠 하늘가

지난여름
엄마를 잃은 딸년 눈가에
맺히는 눈물 한 방울

가을이
투둑 똑
떨어져 내린다

들었다 놓았다 창백한 수화기 하나

숫자를 잃은 다이얼만
뚜우우우우 웅
홀로 울고 있다

다시 칸타빌레* 가을

갈바람 불기 시작하면서
온몸 서걱댄다. 돌기 하나
삐긋이 터진다

내 안에 분명히 있었는 데도
삐죽 나왔다 가 버리는
첫사랑이라 해. 두. 자. 너는

먼 운평선 끝에서
가장 여리게 피어오르는 생명 돌기
일상을 흩어 놓는 저 살빛 덩어리

갈대는
입 속에서 까실까실
흐느끼고 있다

---

* 칸타빌레cantabile : 노래하듯이.

오늘도 푸시킨이 두렵다

학창 시절 수많은 공책 표지에
왜 그 말이 그렇게 많이 쓰여 있었는가
아니 쓰여져 있었을까
— **삶이 그대를 속일지라도**
두려워하거나 슬퍼하지 마라 —

푸시킨! 그 말이 두렵다
분명히 나를 속인 것 맞지
푸시킨이 아니 내가 나를 속인 것 맞지

십 대엔 나에게 눈뜨면서 나 자신이 날 속이지 않을까 두려워했고 스물 넘어서 한 남자를 알게 되면서 그가 날 속이지 않을까 떨며 삼십 고개에선 자식을 낳아 기르면서 자식이 나를, 사십 고개에선 돈마저 날 배신하지 않을까 맘 졸이면서 그렇게 오십령 험한 고갯길 넘어왔네

두려워하지 말기 슬퍼하지 말기 따위에

목숨 걸지 않으려고
나는 사랑도, 자식도, 돈도 끝내는 나까지도
모두 가지고 싶었나 보다

내가 날 영원히 속일지라도

딸의 혼수 리스트

하나, 가장 중요한 혼수가 뭐라고 생각하니
　　진심 사랑!
　　흔히 남들 하는 말이지요, 엄마
두울, 제일 먼저 해야 할 혼수가 뭐어
　　성실 사랑!
　　시인 엄마한테 그걸 말이라고 하니
셋, 그래도 최고의 혼수는 뭘까
　언제나 사랑!
　준비해 보니까 어쩔 수 없네요

세상에서 제일 흔하고 가장 먼저 무엇보다 최고의 것을 준비하는

딸아이 혼수 리스트는
불구동사로 가득 차 있다

사랑한다하나사랑하다두울다시사랑한다그렇게사랑하거라

제5부

에필로그

너는 '나'를 건드려 본 적이 있는가

25년의 공백을 깨고 다시 한 번 '나'를 건드려 보겠다고 깊고 깊은 시詩 숲으로 들어왔다. 격주마다 시를 한 편 들고 혜화동행 지하철을 탄 지도 벌써 4계절이 지났다. 봄 여름 가을 겨울 그리고 다시 봄이다. 한 달에 두 편씩 열두 달을 꼬박 다녔더니 시 스물네 편이 고스란히 나의 시창고로 들어왔다. 새 술은 새 부대에 담으라고 하지 않았는가. 지난 수십 년 쓴 작품들은 거들떠보지도 않고 그저 새로 쓰고 싶은 강박관념에 사로잡혔던 것 같다.

어찌했거나 나는 자식을 앞세우고, 남편을 앞세워서 '나'의 일은 거의 생략하고 눈을 닫으려 했었다. 그러나 막내가 대학에 입학을 하니 조금씩 조금씩 '나'는 누구인가, '나'는 무엇을 꿈꾸고자 살아왔던가, '나'를 위하여 나는 무엇을 하고 있는가 하는 원초적인 질문을 할 여유가 생겼다. 그러한 여유의 한가운데 꼬무락거림을 멈추지 않는 생명체가 있다는 것을 발견했다.

바로 시였다. 하루가 하루 같고, 한 달이 또 어느 한 달 같은 일상의 늪에서 허우적거리기 위하여, 살아남기 위하여 찾아낸 원석! 그것은 수십 년 동안 한시도 놓지 않은 바로 '시작詩作' 이었다. 나는 시를 쓸 때가 가장 행복하다. 아니 시가 잘 써질 때가 정말 좋다. 가슴속의 응어리와 혼란의 덩어리들이 가지런히 놓이는 시간들…… 분노도 화도 미움도 억울함도 때론 희열의 엇박자들도 가지런히 가지런히…… 마음을 정리해 주니 비어져야 할 것들도 잊혀야 할 것들도 추억 할 수밖에 없는 것들도 모두가 한 편의 시 안에 있었다.

이제 겨우 걸음마를 배운 첫돌의 아가처럼…… 조심조심히. 지난 한 해를 감사히 여긴다.

그 시간들은 분명 열세 살의 단발머리 여중생이 교내 문집 콘테스트에 수상하기 위하여 시작한 시詩 끄적거림이 고등학교에 가서도 백일장을 휘돌면서 계속되고 마침내 국어국문학과에 입학하고 다시 대학원에서 한국시가로 논문을 쓰고, 25년의 결혼생활에서도 내내 시를 놓지 못하더니…… 그렇게 40년의 세월을 지나고 나서야 다시 오롯이 '詩' 만을 위하여 살고 싶어서 시의 숲을 찾았다. 첫 걸음마는 주위의 많은 사람들의 기쁨이 된다. 미풍微風, 미원이도 첫 걸음마를 주위 사람들과 기쁜 마음과 겸손한 자세로 받아들이고자 한다.

'시와시학' 을 소개해 주신 선배 박미영 교수와 어느 순간도 최선을 다하여 시 지도를 해 주시는 김재홍 교수님께 감사와 존경을 보낸다. 그리고 나의 유일한 독자이면서 내 시의 비평가인 나의 남편 성덕경에게도 더없는 감사와 사랑의 인사를 하고 싶다. 오월의 신록과 그 푸름을 노래하는 새들의 지저거림이 '나' 를 건드리는 여느 일상의 산책을 돋운다. 그들과 '나' 를 건드리는 오늘을 시작함이 세상의 기쁨이노라.

가슴 바닥으로 떨어진 돌덩이 하'나'

엄마께서 돌아가신 지 채 한 달도 안 되었다. 유방암 말기 선고를 받으시고 6개월여 동안의 투병 생활을 뒤로하고 너무나 고운 모습으로 내 가슴을 떠나셨다. 살아 있는 날도 행복하고 아름다워야 하지만 죽어 가는 모습도 아름다울 수 있다면 '그건 복이다' 싶게 가셨다. 여러 가지로 복이 많으셨던 것 같은데, 당신은 정작 복이 없었다 생각하신 분! 그분을 떠나보내며…… 오십이 훌쩍 넘어 버린 내 가슴에서 나는 돌덩이 하나 '툭' 가슴 바닥으로 떨어지는 소리를 들었다.

나는 1남 4녀 중 딸, 딸, 딸 셋째로 태어나 바로 밑으로 남동생을 본 복덩이면 복덩이고, 미운 오리 새끼이면 한없이 미운 새끼인 셋째 딸로 태어났다. 그리고 오십여 년 동안 분노에 가까운 형제간의 피해의식과 부모에 대한 갈증으로 살았다. 물론 버젓이 사회적 조건과 능력은 채워 가면서, 유독 탄생에 대한 트라우마와 그 연민의 슬픔으로 힘겨워하면서 살았다. 나는 늘 그 연민을 엄마가 바라봐 주기를 애써 원했던 것 같다. 어떤 방법으로든 관심을 쏟아부어 주기를.

그게 많이 아팠다. 그래서였는지 나는 '산사 시학교실' 2년 차가 되면서 자연스레 '치유, healing' 에 관한 정서에 접

근하게 되었다. 그해 여름, 해운대 바다를 보면서 나는 내가 오랫동안 나를 치유하고 싶어 한다는 것을 깨달았고, 어린 시절 짧지만 내게 집중될 수밖에 없었던 엄마의 사랑이 바다와 함께 전개되었다는 사실을 깨닫는 데서 시작되었다. 동해바다가 펼쳐져 있었던 잠깐의 생활은 위로 두 언니가 서울에 있었던 상황이었다.

그렇게 '바다' 에서 시작한 치유의 갈증은 커피, 자작나무, 눈물, 나팔꽃, 소나무, 바람 소리, 초승달 등등의 상관물을 통해 흠뻑 적셔졌다. 현재의 나도, 어린 시절 나팔꽃 옆에 앉아 울고 있었던 나도, 친구들과 그 아픔을 이야기하고 있는 나도, 소중한 내 친구의 죽음을 바라보고 있는 나도…… 모두가 치유받고 싶어서 가슴을 내놓기 시작했다. 그런 나 자신의 상처가 어디에서 시작했는지 어슴푸레 보이면서, 가슴을 다독이고 있는데, 내 뒤통수로 날아든 돌멩이 하나! 난 그것이 내 가슴에 박힌 돌이었다는 것을 깨닫는다. '시' 가 아니었다면, 산사시학교실에서 시 작업을 꾸준히 하지 않았더라면 오십이 넘게 박힌 이 돌멩이를 어찌 빼놓을 수 있었을까. 엎친 데 덮치는 격으로 나는 그해 겨울 오른쪽 다리가 부러져 수술까지 받는 일을 겪었다. 치유가 필요한 시대, 상실의 시대 속에서 허우적거리던 내가 엄마의 죽음 앞에서 시도, 말도 잃었다.

엄마의 죽음은 치유를 갈망했던 감성의 유년 시절을 정면으로 바라보게 했다. 그렇게 '엄마의 유언장' 을 읽다가 외마디 소리를 듣는다. 내 가슴에 박힌 돌멩이 하나 '툭' 떨어지는 소리였다. 아파했던 그 시간을 치유할 수 있는 것은 '나' 자신뿐이라는 것을, 부러진 다리를 재활하고 있는 '나' 라는 것을, 나를 쏟아붓고 있는 '시' 뿐이라는 것을, 이 아이러니는 계속되리라는 것을.

Dr. 詩여, 시 웬수여!

중학교 1학년 때였나? 일본에서 공부하고 오신 미술 선생님께서 나를 미술실로 부르셨다. 미술에 재능이 있으니 미술대학을 가 보는 게 어떻겠냐는 조언을 주셨다. 그날 저녁, 조심스레 아버지께 미술 공부를 시켜 달라고 했더니, 다음 날 저녁에 아버지께서는 안주 없는 소주 반병을 내 앞에 놓으시고는 "너를 예술 시킬 능력이 이 애비에겐 없다" 하셨다.

오 남매의 딸, 딸, 셋째 딸! 다음에 아버지의 아들! 나의 서열로는 택도 없는 운명의 길이었다. 나는 교내문집대회에 나가기 위해 글을 쓰기 시작했다. 처음엔 그림을 그리기 위해서…… 그다음으로는 나의 서열에 대한 슬픔을 누구에겐가 보여 주고 싶어서…… 그렇게 40년 넘는 한길을 걸었다.

그래서 지금 나는 한없이 부끄럽다.

나를 사랑했다기보다는 누군가에게 그 사랑을 확인받고 싶어서, 나의 내면으로 들어가 앉아 있기보다는 혹시 그 누군가의 내면에서 내가 제외되면 어쩌지 하는 걱정이 앞서서, 시를 끝없이 끝없이 쓰고 있었는지도 모른다.

나에겐 나를 치유해 줄 의사가 필요했다. 그가 바로 'Dr. 詩!'. 가슴에 분노만 남은 20대엔 치유가 무엇인지도 몰라서 제대로 된 시인이 될 수 없었다면, 세 아이를 먼저 치유해야 할 엄마로서 산 30~40대엔 나를 바라볼 시간이 없어서 치유는 꿈도 꾸지 못했다면…… 지금 이 자리에 존재할 이유가 될 수 있을까!

더없이 부끄러운 오늘의 나를 지켜보아 줄 내 아버지는 20여 년 전에 돌아가시고, 따스한 축하의 말 한마디 건네주실 내 어머니는 작년에 그 아버지 곁으로 가셨다. 이제야 셋째 딸의 등단 소식을 들으실 아버지, 어머님께 오 남매 중에 가장 부족함이 많았던 셋째가 그날 이후, 나머지 소주 반병을 채워 드리려 무단 애썼다고 고백한다.

인생에서 좋은 스승을 만나는 일처럼 가슴 설레게 하는 일은 없다고 생각한다. 그 스승은 내가 가려는 그 빛 한가운데에 서 계시니까. 30여 년 전에 그 스승을 만난 인연으로 30년 후 지금! 그 길 위에서 아침마다 솟아오르는 샘물이 되기 위하여 시 앞에서 설레고 있다. 진심으로 정진할 기회를 주신 김재홍 스승님께 감사드리며, 늘 부족한 시우詩友를 따스하게 격려해 준 수요시학회 회원들께 감사드린다.

그리고 나의 가족들. 변함없이 늘 나의 상처를 가슴으로 먼저 안아 주는 나의 영원한 사랑, Dr. 성成에게도 깊은 고마움을 전한다. 칭얼거림이 더 많은 엄마 옆에 늘 함께해 주어서 고마운 슬언, 슬기, 기원에게도, 그리고 내 시의 모티브가 되어준 나의 오 남매들에게도…….

돌아보니 40년 세월을 말[言]의 절[寺]에서, 즉 통상적 시라는 이름 안에 갇혀 있었던 듯싶다. 이제 평범을 뒤집은, 거꾸로 발상을 위한 언어예술을 위하여, 나는 다시 살고자 한다. 또 시라는 이름으로…….

시인 노미원

서울 출생
숙명여자대학교 국어국문학과 졸업
한국학대학원 한국어문학사 석사 졸업
『시와시학』으로 등단

Dr. 詩에게

지은이 | 노미원
펴낸이 | 김재돈
펴낸곳 | 도서출판 시와시학
1판1쇄 | 2014년 12월 30일
출판등록 | 2010년 8월 10일
등록번호 | 제2010-000036호
주소 | 서울 종로구 명륜동1가 42
전화 | 744-0110
FAX | 3672-2674
값 8,000원

ISBN 978-89-94889-84-9 03810